SVIET DV BALLET DV ROY.

Faict dans la salle du petit Bourbon ce 19. Feurier 1621.

A PARIS.
Chez NICOLAS Rousset
l'Isle du Palai
les Augi

M. DC.XXI

SVITE
DV
BALLET
DV ROY

Faict dans la salle du petit Bourbon ce 29. Feurier 1621.

A PAR

Chez NICOLAS

ruë du Pal

les A

M.

SVIET DV BALLET DV ROY.

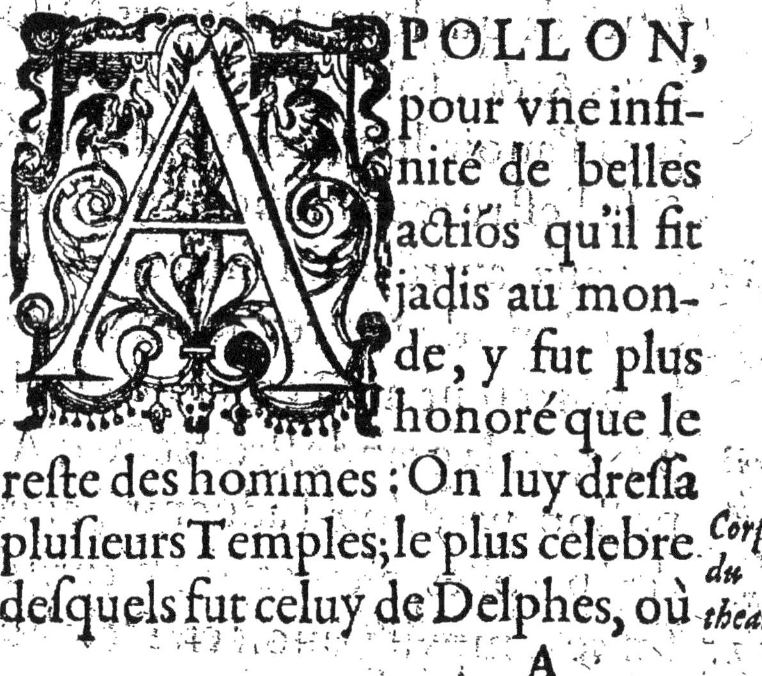

POLLON, pour vne infinité de belles actiōs qu'il fit jadis au monde, y fut plus honoré que le reste des hommes : On luy dressa plusieurs Temples; le plus celebre desquels fut celuy de Delphes, où *Corps du theatre.*

l'on venoit de toutes parts consulter les Oracles que la Pithye sa Prestresse, rendoit sur vn trepied d'or. Les trois Syrenes jadis conuerties en autant de rochers qu'Amphion fils d'Appollon attire apres soy, descouurent l'histoire de ce trepied. C'estoit vn siege à trois pieds que les pescheurs de l'Isle de Co, tirerent de la mer Ægée dans vn filet, en presence de quelques passagers Milesiens, & des soldats Insulaires. Apres l'auoir long-temps disputé, & se l'estre rauy plusieurs fois les vns aux autres: En fin les soldats en estans demeurez les maistres, le porterent au Temple de Delphes, ou la grande Prestresse d'Apollon predisoit l'aduenir, auec des parolles pleines d'obscurité. En ce temps il y auoit en Delphes

1. Recit

Ballet.

Scene de la deuination.

Recit.

deux volleurs l'vn nommé Phorbas, & l'autre Tiphon, qui combattoient la plusspart de ceux qui venoient pour consulter l'Oracle Appollon irrité contre eux, pour les punir se desguisa en champion, & accompagné de deux des siens, les tua à coups de traicts où de manoples: de sorte que l'accez du Temple estant apres plus libre, & la grande Prestresse plus inspiree: Les Phœbades y furent en plus grand nombre, & toutes en furie elles rendirét les responces plus facilement. Pollux & Castor, fréres d'Apollon, y paroissoiét souuent lors qu'ils vouloiét presager quelque bon-heur : Et des gens de toutes sortes de profession y venoiét apprendre l'art de deuiner. Apollon non contant de purger la terre de volleurs, &

Ballet.

Recit.

Ballet.

Recit.

Ballet.

Scene de la Medecine. d'inspirer les Prophetes, guerissoit toutes les infirmitez par son fils Æsculape, Dieu de la Medecine: de sorte que la Santé la disposition, & la Ieunesse, filles d'Æsculape, luy furent consacrées. Il acquit vne telle gloire pour ses bós déportemens, que les plus celebres esprits de son temps chanterent ses loüanges ; & pour les biens-faicts qu'ils en reçoiuent ne despendoient plus que de luy. Ce qui fut cause qu'on luy desdia la Poësie, les Poëtes, la Musique, les Muses, & le Mont-Parnasse. Mais s'il estoit le sujet des exercices d'esprit, il faisoit ceux du corps de si bonne grace, & principalement celuy de tirer du dard & des flesches, qu'on luy consacra l'vn & l'autre. Il fit paroistre principalement ceste adresse quant il

Recit. *Ballet.* *Recit.* *Ballet.* *Scene de la Musique.* *Cõcerts* *Recit.*

tua le serpent Pithon à coups de
traict aupres du Mont-Parnasse.
Or pour recognoistre vn si grand
bien, on institua à son honneur
le jeux Pithyens, ausquels Pala-
stre presidoit ; on y sonnoit des
hauts-bois. Les Iuges Hellanodi- *Ballet.*
ques y venoiet les premiers pour
donner les Coronnes à ceux qui
les auoient meritées aux exercices
qu'on y faisoit, qui estoient cinq,
la course, le saut, le disque ou iet de
pierre, le cœste ou combat aux
manoples, & la lutte. Les Lapi- *Scene*
thes, neueux & descendans d'A- *des Tro-*
pollon, venus du premier Lapi- *phees.*
the son fils, par ses jeux en firent
despuis fort souuent celebrer la
memoire ; & continuans les ser-
uices de leur predecesseur en l'E- *Recit.*
stat de Thessalie, il deffirent les *Grand*
Centaures qui se rebelloient con- *Ballet.*

tire leur Roy, en amenant les chefs captifs, que les genies du lieu conduisent attachez à vn Geant enchesné. Pourtant d'actions illustres Apollon fut reputé Dieu, & tenu pour le Soleil, dont nous representerons les effects en l'autre partie, qui sera le sujet du Ballet de la Reyne, auquel nous remettons ce qui manque à la fable de ce faux Dieu. Cependant pour les quatre professiõs qu'on luy donne, de predire, de guerir, de chanter, & de tirer, vous remarquerez autant de Scenes aux changemens du theatre.

DIALOGVE DES PLANETTES ET des Musiciens.

Pla. D'Où vient que l'Astre du iour
Nous refuse sa lumiere?
Musi. Le Ciel n'est plus le sejour
De sa clairté coustumiere.
Pla. Pourquoy l'a-t'il quitté?
Musi. Pour l'amour d'vne Beauté.
Pla. Quel cher regard au Soleil
Peut l'embrazer de ses flames?
Musi. C'est vn rayon nompareil
Qui vient du Soleil des ames
Pla. Que ne luit-il aux Cieux?
Musi. Il brusleroit tous les Dieux.

VERS POVR LA REYNE REPRESENTANT LE SOLEIL.

CE bel astre esclatant d'vn si rare merite,
Vient luire parmy nous en superbe appareil;
Comment ce fait cela? la terre est trop petite
Pour loger le Soleil.
Il a dedans le Ciel vne route certaine,
D'où s'espand la splendeur des feux que nous voyons,

Et le ſejour des Dieux eſt la ſource hautaine
D'où coulent ſes rayons.
Là port édãs vn char brillãt d'or & d'yuoire,
Il rend de ſa clairté tous les yeux esbloüis:
Ie faux, ô beau Soleil, le Throſne de ta gloire
C'eſt le cœur de Louys.

VERS
POVR MADAME, repreſentant l'Aurore.

MA diuine ſplendeur que tout le monde implore,
Des ombres de la nuict diſſipe l'appareil :
Parmy tant de clairté ie ne ſuis que l'Aurore,
Mais dedans peu de tẽps ie deuiendray Soleil.

VERS
POVR MADAMOISELLE de Montpenſier, repreſentant vne des Heures.

EN vain Amour & la victoire,
Vont où ſe portent mes regars;
Il me ſuffit d'auoir la gloire
De captiuer vn jeune Mars.

VERS

POVR MADAMOISELLE de Verneuil, repreſentant auſſi vne des Heures.

MOrtels, à qui mes yeux ſont plus chers que le jour,
Souſpirez aujourd'huy voſtre eſperance morte, (la porte,
Aux Dieux les plus puiſſans du Ciel i'ouure
Mais celle de mon cœur ie la ferme à l'amour.

VERS

POVR MADAME LA Ducheſſe de Luynes, repreſentant vne des Heures.

L'Heur des humains glorieux de me voir
Comme il me plaiſt s'aduance ou ſe retarde;
Qui me pourroit eſgaller en pouuoir,
Puis que le Ciel eſt commis à ma garde?

VERS POVR MADAME LA Comtesse de Rochefort, representant aussi vne des Heures.

MOrtels, contemplez sans dessein
Ce beau visage & ce beau sein,
Merueilles du siecle où nous sommes:
Que sert leur printemps à vos yeux?
Les roses en sont pour les Dieux,
Et les espines pour les hommes.

BORDIER.

VERS POVR LA REYNE REPRESENTANT LE SOLEIL.

AV ROY.

AVX riues que le Tage dore
Ie semois de fleurs mes habits,
Vn matin que la belle Aurore
Ouuroit en l'Orient les portes de rubis;

Tournant les yeux vers l'Hemiſphere,
I'apperceu les Heures du jour,
Qui dans l'Empire de mon Pere (jour.
Font leur courſe ordinaire & l'eſclairent touſ-
Dés qu'elles me virent pareſtre,
Et les Graces à mon coſté:
C'eſt, dirent-elles, noſtre Maiſtre,
Voila ſon front, ſes yeux, ſa ſuitte & ſa clairté.
Le rapport des traicts du viſage,
Qu'alors elles trouuoient en nous,
Leur faiſoit tenir ce langage,
Et s'adreſſer à moy, penſant parler à vous.
Ie rougis tant d'ayſe & de honte;
Que mes yeux & mon teint vermeil
Pour fauoriſer ce meſconte,
Me faiſoient reſſembler l'Aurore & le Soleil.
Sortez vous maintenant de l'onde,
Diſoient-elles, en s'approchant?
Allons donner le jour au monde,
Depuis voſtre leuer, juſqu'à voſtre couchant.
Mais nous ſommes bien eſtonnees
De vous voir icy le matin,
Ne ſçachant quelles deſtinees
Vous ont porté ſi loin du pays Leuantin.
Tandis que les Heures s'arreſtent,
Aux demandes qu'elles me font,
Ie monte au char qu'elles m'apreſtent,
Et mets incontinent voſtre Courōne au frōt.
Allons commencer noſtre courſe,
Leur diſ-je alors en ſouſriant,
Où la lumiere prend ſa ſource,
Quand elle fait venir le iour de l'Orient.
Soudain ie pris ceſte briſee;

Et l'Aube riante en ses pleurs,
Versoit & roses & rosee,
Semant deuãt mes pas, les perles & les fleurs.
D'ayse & de gloire transportee,
Ie changeay bien tost mon dessein,
Voyant Pirene & Galathee,
Qui pour faire la paix se descouuroiẽt le sein.

Les Nymphes de Frãce & d'Espagne.

Ces Nymphes leur courroux appaisent,
Qui deuoit troubler les humains ;
Et par deux fois elles se baisent,
En se touchãt le cœur aussi biẽ que les mains.

Double alliance.

Ma fille, ce me dit Pirene,
En quel lieu te promenes-tu?
Au temps que tu dois estre Reyne
D'vn royaume, & d'vn Roy digne de ta vertu?
Le destin qui iamais ne change
Les effects d'vn arrest fatal,
Attache d'vn Royal eschange,
A l'Empire du Lys l'Empire Occidental.

Les deux mariages.

Va-t'en, la future esperance
Du fameux Throsne des Gaulois,
Va reluire au Ciel de la France,
Pour donner à chacun ta lumiere & tes loix.
Pirene parla de la sorte,
Et Galathee en sousriant,
Me donna les Lys que ie porte,
Et m'apprit que la France estoit mon Orient.
Lors que ie pars sous la foy commune,
Et quitte mon natal seiour,
Pour venir au port de la Lune
Trouuer vn beau Soleil qui me donne le iour.

Bourdeaux.

En quelque part que ie chemine,
L'Hyuer rigoureux en ce temps,

Deuant vostre œil qui m'illumine,
Parut tousiours aux miens plus beau que le
Printemps.

Comme i'ay faict mesmes offices
Que vous faictes en esclairant:
I'ay receu mesmes sacrifices
De ceux qui vont par tout vostre Sceptre a-
(dorant.

Ores i'acheue ma carriere
Deuant vous, mon Soleil vainqueur,
Pour receuoir vostre lumiere
Qui m'esclaire les yeux, & me brusle le cœur.

C'est de vous que ie prens ma flame
En quelque lieu que nous soyons,
Vous estes l'Astre de mon ame,
Et seulement ie suis l'obiect de vos rayons.

Ces heures de vos rays esprises,
M'asseurent qu'en suiuant mes pas,
Elles ne se sont point mesprises:
Et qui me prend pour vous ne se mescõte pas.

Si l'humeur, l'âge, la naissance,
La face & la condition
Nous donnent quelque ressemblance,
I'en trouue beaucoup plus par mon affection.

Le pouuoir d'vn Amour extreme,
Qui m'a sousmise à vostre Loy,
Me change si bien en vous mesme,
Que ie ne suis que vous, & cesse d'estre moy.

VERS POVR LA REYNE, REPRESENTANT le Soleil.

A la Reyne, Mere du Roy.

IE viens en presence de tous,
Non pour vous donner la lumiere;
Mais pour la receuoir de vous,
Beauté des beautez la premiere;
Soleil des cœurs, Astre puissant,
A qui tout est obeïssant.
Deuant vos yeux, sources d'amour,
Comme maistresse de la dance,
Ie conduis les Heures du iour,
De qui ie marque la cadence;
Pour venir de vous receuoir
La conduite de mon deuoir.
Ie vous presente vn feint Soleil,
Mais vostre lumiere feconde
M'en a produit vn sans pareil,
Digne d'esclairer tout le monde;
Dont toute la posterité
Recognoistra la verité.

FIN

www.ingramcontent.com/pod-product-compliance
Ingram Content Group UK Ltd.
Pitfield, Milton Keynes, MK11 3LW, UK
UKHW021020220726
13924UKWH00001B/103